ALAIN
**BADIOU**

Em busca do real perdido

# OUTROS LIVROS DA **FILÔ**

## FILÔ

**A alma e as formas**
Ensaios
*Georg Lukács*

**A aventura da filosofia francesa no século XX**
*Alain Badiou*

**Ciência, um Monstro**
Lições trentinas
*Paul K. Feyerabend*

**Do espírito geométrico e da arte de persuadir**
*Blaise Pascal*

**A ideologia e a utopia**
*Paul Ricœur*

**O primado da percepção e suas consequências filosóficas**
*Maurice Merleau-Ponty*

**A teoria dos incorporais no estoicismo antigo**
*Émile Bréhier*

**A sabedoria trágica**
Sobre o bom uso de Nietzsche
*Michel Onfray*

**Se Parmênides**
O tratado anônimo De Melisso Xenophane Gorgia
*Barbara Cassin*

**A união da alma e do corpo em Malebranche, Biran e Bergson**
*Maurice Merleau-Ponty*

**Relatar a si mesmo**
Crítica da violência ética
*Judith Butler*

## FILÔAGAMBEN

**Bartleby, ou da contingência**
*Giorgio Agamben*
seguido de *Bartleby, o escrevente*
*Herman Melville*

**A comunidade que vem**
*Giorgio Agamben*

**O homem sem conteúdo**
*Giorgio Agamben*

**Ideia da prosa**
*Giorgio Agamben*

**Introdução a Giorgio Agamben**
Uma arqueologia da potência
*Edgardo Castro*

**Meios sem fim**
Notas sobre a política
*Giorgio Agamben*

**Nudez**
*Giorgio Agamben*

**A potência do pensamento**
Ensaios e conferências
*Giorgio Agamben*

**O tempo que resta**
Um comentário à *Carta aos Romanos*
*Giorgio Agamben*

## FILÔBATAILLE

**O erotismo**
*Georges Bataille*

**O culpado**
Seguido de *A aleluia*
*Georges Bataille*

**A experiência interior**
Seguida de *Método de meditação* e *Postscriptum 1953*
*Georges Bataille*

**A literatura e o mal**
*Georges Bataille*

**A parte maldita**
Precedida de *A noção de dispêndio*
*Georges Bataille*

**Teoria da religião**
Seguida de *Esquema de uma história das religiões*
*Georges Bataille*

**Sobre Nietzsche**
Vontade de chance
*Georges Bataille*

## FILÔBENJAMIN

**O anjo da história**
*Walter Benjamin*

**Baudelaire e a modernidade**
*Walter Benjamin*

**Imagens de pensamento**
Sobre o haxixe e outras drogas
*Walter Benjamin*

**Origem do drama trágico alemão**
*Walter Benjamin*

**Rua de mão única**
Infância berlinense: 1900
*Walter Benjamin*

**Walter Benjamin**
Uma biografia
*Bernd Witte*

**Estética e sociologia da arte**
*Walter Benjamin*

## FILÔESPINOSA

**Breve tratado de Deus, do homem e do seu bem-estar**
*Espinosa*

**Espinosa subversivo e outros escritos**
*Antonio Negri*

**Princípios da filosofia cartesiana e Pensamentos metafísicos**
*Espinosa*

**A unidade do corpo e da mente**
Afetos, ações e paixões em Espinosa
*Chantal Jaquet*

## FILÔESTÉTICA

**O belo autônomo**
Textos clássicos de estética
*Rodrigo Duarte (Org.)*

**O descredenciamento filosófico da arte**
*Arthur C. Danto*

**Do sublime ao trágico**
*Friedrich Schiller*

**Íon**
*Platão*

**Pensar a imagem**
*Emmanuel Alloa (Org.)*

## FILÔMARGENS

**O amor impiedoso**
(ou: Sobre a crença)
*Slavoj Žižek*

**Estilo e verdade em Jacques Lacan**
*Gilson Iannini*

**Introdução a Foucault**
*Edgardo Castro*

**Kafka**
Por uma literatura menor
*Gilles Deleuze*
*Félix Guattari*

**Lacan, o escrito, a imagem**
*Jacques Aubert, François Cheng, Jean-Claude Milner, François Regnault, Gérard Wajcman*

**O sofrimento de Deus**
Inversões do Apocalipse
*Boris Gunjevic*
*Slavoj Žižek*

**Psicanálise sem Édipo?**
Uma antropologia clínica da histeria em Freud e Lacan
*Philippe Van Haute*
*Tomas Geyskens*

## ANTIFILÔ

**A Razão**
*Pascal Quignard*

FILŌ        autêntica

ALAIN
# BADIOU
Em busca do real perdido

1ª reimpressão

TRADUÇÃO Fernando Scheibe

Copyright © 2015 Librairie Arthème Fayard
Copyright © 2017 Autêntica Editora

Título original: *À la recherche du réel perdu*

Todos os direitos reservados pela Autêntica Editora. Nenhuma parte desta publicação poderá ser reproduzida, seja por meios mecânicos, eletrônicos, seja via cópia xerográfica, sem a autorização prévia da Editora.

COORDENADOR DA COLEÇÃO FILÔ
*Gilson Iannini*

CONSELHO EDITORIAL
*Gilson Iannini* (UFOP); *Barbara Cassin* (Paris); *Carla Rodrigues* (UFRJ); *Cláudio Oliveira* (UFF); *Danilo Marcondes* (PUC-Rio); *Ernani Chaves* (UFPA); *Guilherme Castelo Branco* (UFRJ); *João Carlos Salles* (UFBA); *Monique David-Ménard* (Paris); *Olímpio Pimenta* (UFOP); *Pedro Süssekind* (UFF); *Rogério Lopes* (UFMG); *Rodrigo Duarte* (UFMG); *Romero Alves Freitas* (UFOP); *Slavoj Žižek* (Liubliana); *Vladimir Safatle* (USP)

EDITORA RESPONSÁVEL
*Rejane Dias*

EDITORA ASSISTENTE
*Cecília Martins*

REVISÃO
*Aline Sobreira*

CAPA
*Alberto Bittencourt (sobre imagem de Bruce Amos / Shutterstock)*

DIAGRAMAÇÃO
*Larissa Carvalho Mazzoni*

**Dados Internacionais de Catalogação na Publicação (CIP)
(Câmara Brasileira do Livro, SP, Brasil)**

Badiou, Alain.
  Em busca do real perdido / Alain Badiou ; tradução Fernando Scheibe. -- 1. ed. 1. reimp. -- Belo Horizonte : Autêntica Editora, 2017. (Coleção Filô)

Título original: *À la recherche du réel perdu*
Bibliografia
ISBN 978-85-513-0158-6

1. Filosofia francesa 2. Realidade I. Título. II Série.

16-09261                                                                 CDD-194

Índices para catálogo sistemático:
1. Filosofia francesa 194

**Belo Horizonte**
Rua Carlos Turner, 420
Silveira . 31140-520
Belo Horizonte . MG
Tel.: (55 31) 3465 4500

**São Paulo**
Av. Paulista, 2.073 . Conjunto Nacional
Horsa I . 23º andar . Conj. 2310-2312
Cerqueira César . 01311-940 . São Paulo . SP
Tel.: (55 11) 3034 4468

www.grupoautentica.com.br

**Em busca do real perdido**
20. I. *A anedota*
28. II. *A definição*
37. III. *O poema*

Hoje, o real, como palavra, como vocábulo, é utilizado essencialmente de maneira intimidante. Devemos nos preocupar constantemente com o real, obedecer a ele, devemos compreender que não podemos fazer nada contra o real, ou – os homens de negócios e os políticos preferem esta palavra – as realidades. As realidades são impositivas e formam uma espécie de lei, da qual é insensato querer escapar. Somos atacados por uma opinião dominante segundo a qual existiriam realidades impositivas a ponto de não se poder imaginar uma ação coletiva racional cujo ponto de partida subjetivo não seja aceitar essa imposição.

Pergunto-me então diante de vocês[1]: a única resposta possível para a questão "O que é o real?"

---

[1] Antes de se tornar um livro, em 2015, este texto foi apresentado como conferência inaugural do evento Citéphilo, de 2012, que tinha por tema a pergunta "Quel réel?" (que real?).

deve assumir como evidência que só se pode falar do real como suporte de uma imposição? O real nunca é encontrado, descoberto, inventado, mas sempre fonte de uma imposição, figura de uma lei de bronze (como a "lei de bronze dos salários", ou a "regra de ouro" que proíbe qualquer déficit orçamentário)? Será preciso aceitar como uma lei da razão que o real exige em toda e qualquer circunstância uma submissão mais do que uma invenção? O problema é que, em se tratando do real, é muito difícil saber como começar. Esse problema atormenta a filosofia desde suas origens. Onde começa o pensamento? E como começar de maneira que esse começo ajuste o pensamento a um real de verdade, um real autêntico, um real real?

Por que é tão difícil começar quando se trata do real? Porque não se pode começar nem pelo conceito, a ideia, a definição, nem pela experiência, o dado imediato ou o sensível. É fácil demonstrar que começar pela definição, o conceito, a ideia leva a uma construção que é na verdade o contrário do que acredita ser, que é uma perda ou uma subtração do real. Afinal, como posso alcançar o real, encontrar a prova do verdadeiro real, se me instalei justamente, e de maneira peremptória, naquilo que aceita existir

---

A conferência, em francês, pode ser assistida no YouTube, através do *link* https://goo.gl/HCEebg. (N.T.)

– ao menos aparentemente – sem prova do real, ou seja, justamente a ideia, o conceito ou a definição? A simples realidade do conceito não pode valer como uma autêntica prova do real, já que, precisamente, supõe-se que o real seja aquilo que, à minha frente, resiste a mim, não é homogêneo a mim, não é imediatamente redutível a minha decisão de pensar. Quando muito, posso pretender formular, com semelhante ponto de partida, uma *hipótese sobre o real*, mas não uma apresentação do próprio real. Assim, a filosofia, exageradamente racional, ou tentada pelo idealismo, careceria de real, porque em sua própria maneira de começar ela o teria rasurado, obliterado, dissimulado sob abstrações fáceis demais.

Ora, assim que se diagnostica esse defeito, essa falta idealista de uma prova do real, é o real como imposição que vai voltar. O poder de intimidação do uso da palavra "real" vai levantar precisamente o "concreto" como bandeira. Vai se opor à mania idealizadora, que costuma ser chamada hoje de utopia criminosa, ideologia desastrosa, devaneio arcaico... Todos esses nomes estigmatizam a fraqueza da tese que pretenderia começar a busca pelo real com a figura da abstração. Ao que oporão então um verdadeiro real, autêntico e concreto: as realidades da economia do mundo, a inércia das relações sociais, o sofrimento das existências concretas, o veredicto dos mercados financeiros... Oporão tudo isso, que efetivamente tem um grande peso, à mania especulativa, à ideocracia militante, que – dirão – nos meteu em tantas aventuras sangrentas ao longo do século XX.

Há algo que, desse ponto de vista, desempenha hoje um papel decisivo: o lugar ocupado pela economia em toda e qualquer discussão que diga respeito ao real. Parece até que o saber do real foi confiado à economia. É ela que sabe.

E, no entanto, tivemos, não faz muito tempo, diversas oportunidades de constatar que ela não sabia grande coisa, a economia. Ela não sabe nem sequer prever desastres iminentes em sua própria esfera. Mas isso não mudou quase nada. É ainda e sempre ela que sabe o real e o impõe a nós. É aliás muito interessante constatar que a função da economia em relação ao real sobreviveu perfeitamente à sua incapacidade absoluta não apenas de prever o que ia acontecer, mas até mesmo de compreender o que estava acontecendo. Tudo indica que, no mundo atual, o discurso econômico se apresenta como o guardião e o fiador do real. Enquanto as leis do mundo do Capital continuarem sendo o que são, a prevalência intimidante do discurso econômico não será desbancada.

O que é impressionante na economia considerada como saber do real é que, mesmo quando enuncia – e às vezes é obrigada a isso pela evidência dos fatos – que o "real" dela está fadado à crise, à patologia, eventualmente ao desastre, todo esse discurso inquietante não produz nenhuma ruptura com a submissão subjetiva ao real de que ela se gaba de ser o saber. Em outras palavras, o que a economia considerada como discurso do real diz, prevê ou analisa nunca fez senão validar o caráter intimidante desse famigerado real, e nos submeter sempre mais a ele. De tal modo que, quando esse real parece desfalecer, mostrar-se como uma pura patologia, devastar o mundo ou as existências – quando os próprios economistas acabam por perder o seu latim –, mesmo assim a soberania dessa intimidação pelo real econômico não apenas não é realmente reduzida como até se vê aumentada. Os economistas e seus financiadores reinam de maneira ainda mais imperial do que antes dos desastres que não souberam prever e só constataram depois, como todo mundo. O que prova muito bem que essa gente não se deixa destituir.

É uma lição extremamente interessante: a economia como tal não nos ensina de maneira alguma como poderíamos sair da concepção intimidante e, em última instância, opressiva do real a que essa mesma economia consagra seu desenvolvimento e a sofisticação de sua "ciência" impotente. Isso é muito importante, porque a questão do real é evidentemente também a questão de saber que relação a atividade humana, mental e prática, mantém com o referido real. E, mais especificamente, se ele funciona como um imperativo de submissão ou se pode ou poderia funcionar como um imperativo aberto à possibilidade de uma emancipação.

Digamos que a questão filosófica do real é também, e talvez sobretudo, a questão de saber se, estando dado um discurso segundo o qual o real é impositivo, podemos – ou não podemos – modificar o mundo de tal maneira que se apresente uma abertura, anteriormente invisível, através da qual se consiga escapar *dessa* imposição sem contudo negar que haja real e que haja imposição.

Vocês logo veem que aqui poderíamos fazer uma breve excursão para os lados do meu querido Platão, porque o motivo da "saída" é um motivo essencial da alegoria da caverna. A alegoria da caverna representa para nós um mundo fechado sobre uma figura do real que é uma falsa figura. É uma figura do semblante[2] que se apresenta para todos os que estão trancados na caverna como a figura indiscutível do que pode existir. Talvez seja essa a nossa situação. Pode ser que a hegemonia da coação econômica não passe, no fundo, de um semblante. Mas o ponto não é esse. O que Platão aponta é que para saber que um mundo está sob a lei de um semblante é preciso sair da caverna, é preciso escapar do lugar que esse semblante

---

[2] Embora se trate de um "galicismo semântico", achei mais cômodo, para mim e para o leitor, verter "*semblant*" (aparência falsa que se dá por real) por "semblante" – respaldando-me na literatura, sobretudo lacaniana, já existente em língua portuguesa. (N.T.)

organiza sob a forma de um discurso impositivo. Qualquer consolidação desse semblante como tal, e especialmente qualquer consolidação "científica" desse semblante – como o discurso da economia –, só faz impedir que uma saída seja possível e nos fixar ainda mais em nossa posição de vítimas intimidadas pela pretensa realidade desse semblante, em vez de nos levar a buscar e encontrar onde está a saída.

Tudo isso equivale a dizer que não é postulando o primado de um saber "científico" tido pela última palavra sobre o real que se pode abrir um acesso livre a essa questão. Todos os saberes desse tipo, de uma maneira ou de outra, convergem para a manutenção da impossibilidade de uma saída, ou seja, para a manutenção de uma figura do real manejado como intimidação e princípio de submissão.

Deve-se dizer então que o real só se deixa apreender através da experiência, da percepção sensível, do sentimento imediato, da emoção ou mesmo da angústia? Essa também é uma longa tradição filosófica. É nesses termos, afinal, que Pascal busca derrubar o racionalismo cartesiano, que os empiristas atacam Leibniz, que Kierkegaard critica Hegel ou que o existencialismo substitui a verdade pela liberdade. Para Kierkegaard, Hegel não alcançou o real porque acreditou que esse real podia se desvelar numa vasta construção racional, um discurso "científico" cujo ponto de partida eram categorias puras: o ser, o nada, o devir... Ora, é preciso partir de um ponto completamente diferente: a subjetividade como tal, única capaz de experimentar e descrever o que é o *encontro* com o real. E essa experiência toca tanto mais no real na medida em que assume o risco da angústia que se sente se ele vem a faltar ou, pelo contrário, a superabundar.

É claro que a psicanálise, na promoção que fez, com Lacan, da palavra "real", se enraíza explicitamente nessa tradição existencial. Pois se observa, na clínica, que – como repete o mestre –, a partir do momento em que se trata do real, em que caem as defesas organizadas pelo imaginário, pelo semblante, a angústia passa a estar na ordem do dia. Só a angústia não engana, ela que é o encontro com um real tão intenso que o sujeito deve pagar o preço de se expor a ele.

A objeção que farei a essa visão é que, se tem algo que está totalmente impregnado da dominação do real como intimidação ou como submissão, esse algo é precisamente nossa experiência. E, no final das contas, é isso que a função da angústia na psicanálise revela, já que o real se mostra aí como aquilo que, para o sujeito, é sem medida. Porém, se ele se mostra assim, é decerto porque não está de modo algum subtraído aos dispositivos de intimidação que provêm da organização do mundo pela atividade humana dominante, incluída aí sua atividade simbólica e "científica".

Na verdade, o mundo sensível – nosso mundo – nada tem de especialmente nu, ele é totalmente forjado e constituído por relações que remetem imediatamente à ditadura da figura do real de que parti. Por conseguinte, pode-se sustentar que se confiar pura e simplesmente ao imediato sensível, aos sentimentos, à emoção e ao encontro acaba na realidade por consolidar não, dessa vez, o regime acadêmico ou pretensamente científico de um saber sobre o real, mas pura e simplesmente aquilo que "real" quer dizer nas opiniões dominantes. Ou seja, por nos reconduzir ao fato de que nossa percepção, nosso encontro com o real, aquilo que tomamos por nossa espontaneidade livre e independente, tudo isso, na realidade, está estruturado de cabo a rabo pela figura do mundo tal qual ele é, ou seja, um mundo submetido ao imperativo do real como intimidação. Remetemo-nos, assim, não a um saber alienado na objetividade intimidante, como na primeira hipótese, mas a uma opinião que não poderemos diferenciar da experiência imediata do real num mundo que está estruturado precisamente pela ditadura de um conceito do real como intimidação.

Quanto a esse ponto, há algo muito instrutivo: a função do escândalo em nosso mundo. O escândalo sempre se apresenta como a revelação de um pedacinho de real. Um dia ficamos sabendo, por nossa mídia preferida, que fulano foi à casa de ciclano e saiu de lá com uma mala cheia de dinheiro. E aí temos todos a impressão irreprimível de tocar em algo mais real do que tudo o que toda essa gente costuma contar. O escândalo é precisamente aquilo que vai, em termos de opinião, abrir a porta para uma espécie de desvelamento de um cantinho de real, mas desde que esse fragmento seja imediatamente tratado como uma exceção. Uma escandalosa exceção.

Se não houvesse esse toque de exceção, tampouco haveria escândalo. Se soubéssemos que todo mundo vai à noite buscar malas de dinheiro na casa dos ricaços, nenhuma gazeta poderia causar sensação em seus leitores revelando isso. A estrutura do escândalo remete em realidade à nossa segunda concepção do real, a visão empirista e existencial: é porque topamos, de maneira imediata e sensível, com uma pontinha de real que poderemos nos educar e educar os outros na direção de uma opinião livre e bem-fundada sobre o real.

Ora, a verdade é que não há nenhuma nova liberdade no escândalo, já que ele faz parte da educação geral e permanente à submissão. A única lição que se tira do escândalo é, de fato, a de que se deve reduzir e punir essa exceção desastrosa. Ele se torna, portanto, em definitivo, a oportunidade para todos declararem sua submissão ao conceito geral do real tal como ele funciona, entendendo-se que, evidentemente, há exageros, patologias marginais que são escandalosas.

Um sintoma interessante de nossa sociedade é que o escândalo geralmente é um escândalo de corrupção. É o seu nome essencial. É bastante curioso que a corrupção cause escândalo, já que poderíamos sustentar que a sociedade está corrompida da cabeça aos pés. Poderíamos inclusive sustentar que a corrupção é sua lei íntima, e que é para dissimular essa corrupção sistêmica, e inteiramente real, que o escândalo aponta aquilo ou aquele que, no fim das contas, não passa de um bode expiatório. Numa sociedade que aceita aberta, explicitamente, e de maneira – é preciso dizer – amplamente consensual que o lucro seja o único motor viável para fazer funcionar a coletividade, pode-se dizer que a corrupção está na ordem do dia de maneira imediata. Afinal, se ganhar o máximo de dinheiro possível é a norma, fica difícil dizer que não é verdade que todos os meios sejam válidos. Pois de que outra norma, de que norma sonhadora, poderíamos nos servir para normatizar a verdadeira norma que é a do lucro? Pode-se retorquir que há leis, mas logo se vê que tudo isso é necessário para que a figura geral das coisas, ou seja, a figura do real em que estamos apoiados, se perpetue. É por isso que é necessário que volta e meia haja um escândalo: não, de modo algum, como revelação do real, mas como encenação de um pedacinho do próprio real *no papel de uma exceção ao real.*

A única força do escândalo reside, assim, na teatralização de um minúsculo fragmento do real enquanto denegação desse mesmo real. De maneira geral, o teatro poderia desempenhar um grande papel nessa investigação sobre o real, e falarei um pouco sobre ele mais adiante. Mas observem o ritmo do escândalo: há peripécias, novas descobertas, cúmplices, complôs, etc. O "golpe teatral" evidentemente é parte integrante da natureza do escândalo, o que se esclarece facilmente se compreendemos que se trata na verdade de fazer um pedacinho de real funcionar como se fosse uma exceção ao real, e de lançá-lo como um petisco à opinião pública para que ela volte fundamentalmente à sua submissão àquilo que no fundo é a lei do mundo: a onipresença da corrupção.

Notemos de passagem que o esporte é hoje uma grande vítima do escândalo. E é filosoficamente interessante se perguntar por que há tantos escândalos no esporte. É que o esporte é uma espécie de vitrine aberta para a exceção escandalosa. Ele ocorre em público e para o público. Daí o fato de que o escândalo, que é sempre uma exposição pública do que deveria permanecer escondido, se sinta especialmente à vontade no esporte, que está sempre ostentando suas virtudes: o esforço, a abnegação, o sofrimento consentido, a lealdade na competição, a performance indiscutível, o sucesso plenamente merecido... O que seria o esporte sem a constante exibição pública dessas raras qualidades que a sociedade sempre propõe transmitir às jovens gerações através da prática e da admiração pelos exercícios físicos de todo tipo? Então, o que pensar quando ficamos sabendo que milhares de partidas de futebol têm seu resultado combinado de antemão para que apostadores camuflados ganhem somas mirabolantes; que tal vencedor do *Tour de France* estava dopado até as orelhas e foi destituído de suas sete vitórias – o que, diga-se de passagem, é uma operação juridicamente extraordinária; ou quando são postas na mesa questões comparativas do tipo: o tênis é mais ou menos corrompido do que o futebol americano? Na certa, o escândalo está em casa aí, já que o esporte reúne as pessoas para assistir a ele, e o *doping* ou as partidas compradas transformam o espetáculo num puro semblante. Trata-se de um real a céu aberto – e não da cena furtiva de alguém se esgueirando à noite pelos cantos com uma mala cheia de dinheiro destinado a assegurar sua eleição –, de uma coisa que todo mundo acompanhou e assistiu, nas ruas, nos estádios ou na televisão. No esporte, apesar da dificuldade das investigações e da má vontade das federações, encontramos uma espécie de forma pública da corrupção geral.

Mas vocês notarão que, no entanto, mesmo nessas condições, o que domina é a ideia de que a "imensa maioria" dos esportistas é leal e imaculada, e de que são feitos todos os esforços para que, afora essas exceções escandalosas, o esporte se mantenha em seu ser incorruptível. Quando, na verdade, quem está nos bastidores do esporte sabe que se trata de um domínio extremamente corrupto, simplesmente porque o dinheiro circula ali em quantias grandes demais para que seja limpo. É algo que devemos sempre ter em mente: onde há muito dinheiro, há corrupção, porque a partir do momento em que o dinheiro circula em quantidades muito grandes ele só garante a fluidez exigida para essa circulação transbordando um bocado para os lados...

Tudo isso para concluir que, em se tratando do real, não se pode começar nem por uma definição rígida, que se construiria filosoficamente à distância de qualquer prova efetiva, nem pela ideia de um encontro sensível com a exceção, que nos abriria de repente a porta do real. Nem a arrogância do conceito nem a provocação do escândalo trazem em si mesmas uma revelação do real. Temos de lidar com essa questão de outro jeito. Andar que nem siri, ou construir diagonais, para nos aproximarmos do real num processo singular a cada vez. É o que vou tentar fazer ordenando as coisas da seguinte maneira: 1) uma anedota; 2) uma simples máxima teórica, uma definição; 3) um poema.

### I. A anedota

É uma anedota muito conhecida, a da morte de Molière. Como vocês todos sabem, Molière morreu enquanto estava representando *O doente imaginário*. Vocês logo veem apontar aí uma fábula, pois ele, Molière, morre de uma doença bem real. Essa doença real, que causou a morte de Molière, se descobre no interior, ou a propósito, ou nas condições de uma doença que não apenas é representada, como também, mesmo no interior da representação, é apresentada como imaginária. Temos aqui – e notem que se trata mais uma vez de teatro e de teatralização – uma espécie muito particular de roçar entre o real e o semblante. A doença mortal que vai levar Molière se manifesta no próprio coração do semblante, ou seja, no momento em que Molière está representando realmente – porque a representação enquanto representação toma parte do real – o semblante da doença. E tudo isso se tornou ainda mais contundente já que foi preciso carregar Molière desmaiado para fora do palco, a representação virou uma confusão só, e os espectadores, confrontados de repente com aquela morte real que se sobrepunha à doença imaginária, ficaram completamente atônitos.

Qual é, para nós, a lição dessa dialética viva que se apossa da morte? Nessa anedota, o real é *aquilo que frustra a representação*.[3] Ou ainda: o real é o momento em que o semblante se torna mais real do que o real de que ele é o real: o: o papel do doente imaginário é representado por um doente

---

[3] Em francês a fórmula é bem mais bonita: "*ce qui déjoue le jeu*" ("aquilo que 'desrepresenta' a representação"). (N.T.)

real, e a morte de um acarreta a impossibilidade da morte do outro. Há aí uma dialética do semblante e do real muito interessante, já que o real surge com uma violência extraordinária justo no ponto de seu semblante, justamente na medida em que é de um doente imaginário que se trata.

Digamos então o seguinte: o real, nesse caso, é *o que vem assombrar o semblante*. A morte vem atingir o personagem do doente imaginário, tal como o ator real Molière o encarna no palco, e o real vem assombrar não apenas esse semblante – o personagem do doente imaginário – como também o semblante desse semblante, isto é, o ator Molière, que está fingindo[4] ser o doente imaginário, ou seja, fingindo ser o semblante da doença. Evidentemente, é muito impressionante ver que aquele que finge ser o semblante da doença morre de uma doença real. Tentemos uma generalização dessa anedota que indica uma relação dialética estreita e difícil entre o real e o semblante. Poderíamos dizer, por exemplo, que o real sempre se revela na ruína de um semblante. E isso equivaleria a afirmar que não existe nem acesso intuitivo direto ao real nem acesso conceitual direto ao real, mas que há sempre essa necessidade indireta de que seja na ruína de um semblante que o real se manifeste. Em outras

---

[4] Pareceu-me um galicismo excessivo traduzir *"faire semblant"* (fingir, aparentar, fazer de conta que) por "fazer semblante". Por isso alerto o leitor de que o significante *"semblant"* continua atuando a cada vez que utilizo o verbo "fingir". (N.T)

palavras – e continuo aqui com as metáforas teatrais –, só se chega ao real desmascarando-o. O real – como a filosofia segundo Descartes – avança mascarado. Logo, é preciso desmascará-lo. Mas vocês estão vendo que é preciso desmascará-lo ao mesmo tempo que se leva em conta o real da própria máscara. Molière morre, e o que há de mais real do que a morte? Ele faz surgir assim o fato de que a doença imaginária é muito divertida no teatro, só que existe também a doença real. Entretanto, é preciso notar que esse surgimento do real se faz não apenas a partir do semblante que é a doença imaginária, mas também a partir do fato de que ele próprio, esse Molière que vai realmente morrer, é, enquanto ator, o portador real desse semblante.

Dessa forma, o real seria sempre algo que a gente desmascara, algo cuja máscara a gente arranca, o que quer dizer que seria sempre no ponto do semblante que haveria uma chance de encontrar o real, uma vez que é preciso também que haja um real do próprio semblante: que haja uma máscara, que ela seja uma máscara real. E assim chegamos à conclusão um tanto singular de que, em definitivo, todo e qualquer acesso ao real – a experiência do espectador que vê tudo isso num teatro do século XVII, ou, mais geralmente, qualquer um que faz a experiência do real por sua própria conta – sempre se dá quando uma máscara é arrancada, ato que, entretanto, se institui ativamente a distinção entre o real e o semblante, deve assumir também que existe um real do semblante, que há um real da máscara.

Através desses zigue-zagues, chegamos ao seguinte importante enunciado: *todo acesso ao real é também sua divisão*. Não existe o real que se trataria de depurar do que não é ele, já que todo acesso ao real é imediatamente, e de maneira necessária, uma divisão, não apenas do real e do semblante, mas também do próprio real, visto que há um real do semblante. É o ato dessa divisão, por meio do qual o semblante é arrancado e ao mesmo tempo identificado, que podemos descrever como sendo o processo de acesso ao real.

Pirandello trabalhou sobre essa divisão do real a ponto de fazer dela o tema principal de muitas de suas peças. E quando publicaram a primeira edição de seu teatro ele quis batizá-la de *Máscara nua*. Isso funciona um pouco como uma recapitulação do que estamos dizendo: a máscara deve ser arrancada enquanto semblante, mas, a fim de chegar ao real nu – des-mascarado –, é preciso também reconhecer a nudez da máscara, é preciso levar em conta o fato de que a própria máscara exige que a tenhamos por real. E é isso que constitui o tema de peças como *Seis personagens à procura de autor* ou *Henrique IV*. Ler as peças de Pirandello é uma excelente educação sobre a questão do real, porque nelas encontramos exatamente a questão de que estamos tratando aqui: que real? É a questão que essas peças colocam; aliás, com conclusões variáveis – como são variáveis em filosofia as conclusões sobre a relação entre real e semblante, ou entre essência e aparência. Pirandello circula em seu teatro a partir de uma primeira hipótese segundo a qual não há real nenhum, já que toda máscara é a máscara de uma máscara, de maneira que tirar uma máscara exigiria tirar uma outra, sem que jamais se chegue ao real nu, já que é a própria máscara que está nua, é o próprio semblante que é real. Mas abre a partir daí outras perspectivas, mais otimistas, nas quais, através do semblante, do semblante do real e do real do semblante, algo de verdadeiramente real vem se afirmar.

Se tentamos aplicar essas observações à situação contemporânea, devemos nos perguntar: qual é a máscara do nosso real e, portanto, qual é o semblante próprio do capitalismo imperial mundializado, sob que máscara ele se apresenta que impede que sua identificação o divida, qual é a máscara ao mesmo tempo tão real e tão afastada de qualquer real que é quase impossível arrancá-la?

E então lamento ter de dizer aqui que o semblante contemporâneo do real capitalista é a democracia. É a sua máscara. Lamento, porque a palavra "democracia" é uma palavra admirável, e será preciso retomá-la e redefini-la, de um jeito ou de outro. Mas a democracia de que estou falando é a que funciona em nossas sociedades de maneira institucional, estatal, regular, normatizada. Poderíamos dizer – para retomar a metáfora da morte de Molière – que o capitalismo é esse mundo que está sempre representando uma peça cujo título é *A democracia imaginária*. E ela é bem representada, é a melhor peça de que o capitalismo é capaz. Os espectadores e os participantes em geral aplaudem, alguns mais, outros menos. O fato é que é um rito para o qual são convocados e ao qual se submetem. Mas, enquanto essa peça dura, é a democracia imaginária que é representada e, por baixo, o processo mundializado do capitalismo e da pilhagem imperial que prossegue, com seu real impalpável, cuja descrição não serve para nada. Enquanto essa peça durar e um vasto público continuar a apreciá-la, o real do capitalismo, ou seja, a capacidade de dividi-lo, de obrigá-lo a uma cisão de si mesmo que seja ativa e que prometa sua dissipação, sua destruição, permanecerá politicamente inacessível. Porque se essa peça é a peça do semblante democrático, se ela é a máscara que fornece ao capitalismo imperial contemporâneo a cobertura de que ele precisa, e se, ainda por cima, nenhuma possibilidade de arrancar essa máscara, de interromper essa peça de teatro, está na ordem do dia, então alguma coisa permanece politicamente inacessível para qualquer empreendimento político de acesso ao real nu.

 O acesso ao real do capitalismo imperial contemporâneo – também chamado Ocidente, mundo democrático, comunidade internacional, Estado de direito..., nome é o que não falta – o acesso a esse real só pode se dar por meio de uma divisão constitutiva de caráter político. Ora, o que constatamos é que a peça torna possível a esse respeito unicamente falsas divisões, a mais conhecida delas sendo, entre nós, a distinção esquerda/direita. Observem bem a esquerda hoje, observem-na como se estivessem assistindo à peça da democracia imaginária, que é *a* peça, a única do repertório. Não há outras que estejam sendo representadas, pelo menos não nessa escala, a do Estado, da nação, do mundo devastado pelo capitalismo. Graças a Deus existem, aqui e ali, pequenos teatros experimentais que põem em cena outras peças, mas falar disso agora seria entrar num outro capítulo. O que vocês veem? Quando o governo decide dar 20 bilhões de euros ao patronato, sem nenhuma contrapartida, ele representa a peça com convicção. Mas não devemos pensar que se trata de uma patologia: afinal, ele está aí para isso! Que diabos poderia fazer senão isso? Seria como se, de repente, no meio de uma peça de teatro, um ator se levantasse para dizer que está cheio de representar aquela peça, que está a fim de representar outra! Foi aliás o que Molière fez, já que, quando morreu no meio da peça, era outra peça que estava sendo representada...

Como o real é sempre aquilo que se descobre ao preço de que o semblante que nos subjuga seja arrancado, e como esse semblante faz parte da própria apresentação do real escondido, propus chamar de "acontecimento" esse gesto de arrancar a máscara, porque não se trata de algo interior à própria representação. É algo que vem de alhures, de um alhures interior, se assim podemos dizer, ainda que esse alhures seja dificilmente situável e, infelizmente, muitas vezes improvável.

Minha última observação a propósito da anedota de Molière será a seguinte: se o real só é acessível como arrancamento de seu semblante próprio, então há necessariamente certa dose de violência no acesso ao real. Essa violência se faz presente com toda força na anedota da morte de Molière: o ator cai no chão, cospe sangue, etc. Por certo, é uma metáfora. Ela indica – sem nada demonstrar – que há inevitavelmente uma dose de violência, porque a relação do semblante com o real faz parte do real. De tal modo que, ao arrancar a máscara, dividimos o real, não o deixamos intacto diante de nós. Todo acesso ao real o fere, através da divisão inelutável que se inflige a ele ao desmascará-lo.

Eis aí o que tinha a dizer sobre a anedota.

## II. A definição

Quanto à sentença, vou tomá-la emprestada a um de meus mestres, Jacques Lacan, que, indo direto ao assunto, propôs uma *definição* do real, por certo um pouco insidiosa, que é a seguinte: *o real é o impasse da formalização*.

No ponto em que estamos, o que podemos fazer com essa fórmula? Não quero partir do conceito, então é preciso partir de um exemplo, e esse exemplo será a aritmética elementar. Quando contamos, multiplicamos ou adicionamos, pode-se dizer que estamos, de maneira prática, no interior da formalização matemática. Nosso cálculo é sempre finito: todo cálculo termina, de fato, com o que chamamos seu resultado, verdadeiro ou falso. Portanto, estamos numa formalização, que é regulamentada (há regras de adição, aquelas ensinadas às crianças), que é finita, e, no interior dessa formalização, há uma atividade particular, que é o cálculo.

Mas, na realidade, há nisso tudo um ponto que não está explícito e que é o seguinte: quando calculamos a partir de números, estamos convencidos de que o resultado será um número. Não há a menor dúvida quanto a isso: se adicionamos números, obtemos um número. O que supõe, evidentemente, que *seja qual for a duração do cálculo finito, sempre encontraremos um número*. O que exige que não exista um último número. Isso seria absolutamente contrário à liberdade do cálculo.

Por conseguinte, algo nisso tudo é in-finito. Algo – a série dos números – não tem fim. Mas esse infinito, que funciona de maneira oculta no interior do próprio cálculo finito, esse infinito não é um número, porque na aritmética não há número infinito, isso não existe. Logo, o real da aritmética finita exige que se admita uma infinidade subjacente que funda o real do cálculo ainda que como impasse de qualquer resultado possível desse mesmo cálculo, que só pode produzir números finitos.

É nesse sentido que se pode dizer que o real dos números finitos da aritmética elementar é um infinito subjacente, inacessível a essa formalização, e que é, portanto, realmente, seu impasse. Lacan tem toda razão.

Tentemos generalizar. No exemplo aritmético, um infinito oculto é a condição do cálculo finito, mas ao mesmo tempo não pode ser calculado e, portanto, não pode figurar "em pessoa" na formalização dentro da qual o cálculo opera: o número, de fato, segundo a formalização que o inscreve num cálculo, seja como aquilo a partir do que se calcula, seja como resultado do cálculo, é essencialmente finito. Por conseguinte, diremos que *o real é o ponto de impossível da formalização*. Isso quer dizer que aquilo que a formalização torna possível – a saber, no nosso exemplo, calcular a partir de números – só é possível pela existência implicitamente assumida daquilo que *não pode* se inscrever nesse tipo de possiblidade. Trata-se, portanto, de um "ponto de pensamento" que, embora condenado a permanecer inacessível para as operações que a formalização torna possíveis, não deixa de ser a condição última da própria formalização.

Podemos então dizer que o real é atingido não através do uso da formalização – já que ele é justamente o impasse dela –, mas quando se explora aquilo que é impossível para essa formalização. Compreendamos, no entanto, que não se trata de uma impossibilidade geral, mas do "ponto" preciso que é o impossível de uma determinada formalização. Qual é o ponto preciso que é impossível na aritmética dos números naturais? O número infinito. Enquanto número, ele está ligado organicamente à formalização aritmética, enquanto infinito, é o impossível próprio desta. Assim, o número infinito como impossível é o real da aritmética.

Poderíamos evocar referências convincentes em outros domínios, pois essa doutrina é muito forte. Por exemplo, poderíamos nos perguntar qual é o real das imagens cinematográficas. E então se poderia sustentar – como já foi feito há muito tempo, por exemplo, na ontologia da imagem proposta por André Bazin – que o real de uma imagem cinematográfica é aquilo que está fora de campo. A imagem deve sua potência real ao fato de ser extraída de um mundo que não está na imagem, mas que constrói sua força. É na medida em que a imagem se constrói a partir do que está fora da imagem que ela tem chances de ser realmente bela e forte, embora o cinema só seja composto – calculado – de acordo com o que circunscreve a imagem num quadro, e, portanto, o mundo deixado fora de campo seja precisamente o que não é filmado, o que é impossível fazer entrar tal qual na imagem enquadrada. Assim como o número infinito é o real da aritmética, o fora de campo é o infinito próprio da imagem cinematográfica. Mas é também seu impossível, já que, por definição, a infinidade do mundo ambiente nunca é capturada pela imagem.

Tudo isso equivale a dizer que só se pode ter acesso a um real quando se descobre qual é o impossível próprio de uma formalização.

Chegados a esse ponto, devemos nos perguntar qual é o real da política. Pois bem, é o ponto que, se nos referimos ao quadro da formalização existente para a política, isto é, a política tal como o Estado a prescreve – a política constitucional, a política autorizada –, é rejeitado para a impossibilidade latente de seu poder real. É exatamente o que Marx quer dizer quando afirma que o real da política revolucionária é a extinção do Estado. Ele diz simplesmente, à sua maneira, que, no campo político, o fora de campo é o que está fora do Estado, o que não está sob a coação do que o Estado admite como possibilidade. Marx pensa que, de um ponto de vista estratégico, se consideramos a história total da humanidade até nossos dias, é preciso dizer que o impossível próprio da política estando prescrito pelo que está fora do Estado, a realização real da política é o processo de desaparecimento do Estado. É aí que está, sob o nome de comunismo, o infinito próprio da política. O Estado nunca é mais que a finitude calculável da política, de que o comunismo é, de certa maneira, o número infinito.

Uma objeção trivial, mas constante, é a seguinte: se o acesso ao real é o ponto de impossível, tocar o real, alcançá-lo, supõe que se possa transformar esse impossível em possibilidade. O que parece precisamente impossível. Porém, justamente, essa possibilização do impossível só é conceitualmente impossível no âmbito da formalização concernida: o cálculo dos números, o enquadramento no cinema, o Estado em política. Portanto, só um ponto *fora de formalização* pode dar acesso ao real. E é por isso que se trata não de um cálculo interno à formalização, *mas de um ato* que faz a formalização se desvanecer momentaneamente em proveito de seu real latente. O que quer dizer que esse acesso exige, num primeiro momento, que a potência da primeira formalização seja destruída. Se quisermos fazer o infinito entrar na matemática, não podemos nos contentar com a aritmética elementar. Será preciso admitir que há conjuntos infinitos, que não são de modo algum aritméticos, será necessária a teoria dos conjuntos de Cantor. Assim como no cinema é preciso que o diretor de gênio faça ver na imagem o que não está nela, destruindo desse modo a imposição do quadro. Em política, como vocês sabem, o nome dessa destruição é:

revolução. Numa revolução, o formalismo legal do Estado é, no mínimo, suspenso.

O processo de acesso ao real – a que chamo, em meu jargão filosófico, de um procedimento de verdade – está sempre em via de destruir uma formalização parcial, porque faz advir a impossibilidade particular e pontual dessa formalização.

Que conclusões tirar daí?

Primeira: que só há conquista do real ali onde há uma formalização – pois, se o real é o impasse da formalização, é preciso que haja uma formalização. Logo, não há esperança de conquistar o real fora da existência de uma formalização, de um arranjo, de uma forma. O real supõe que tenha sido pensada e construída a forma aparente daquilo de que um determinado real é o real oculto.

Segunda: a afirmação do real como impasse dessa formalização vai ser em parte a destruição dessa formalização. Ou, digamos, sua divisão. E tudo vai começar por uma afirmação inaceitável do ponto de vista da própria formalização, que prescreve o que é possível, a saber, *a afirmação de que o impossível existe*.

Está aí o gesto fundamental de conquista do real: declarar que o impossível existe. Tem um político outrora célebre que disse que a política era a arte do possível, mas está na cara que ela é a arte do impossível, ao menos em se tratando de uma política real. A arte do possível é a política como semblante. Isso tem suas virtudes, porque promete economizar a destruição. Mas, se quisermos a política como política do real, é preciso afirmar a existência do impossível, e isso pode ter consequências incômodas para a formalização de que ele é o impossível próprio.

Tentemos aplicar tudo isso à situação contemporânea do mundo dos homens. É claro que a formalização maior de nossa existência coletiva é o capitalismo chegado à sua forma suprema, que é o imperialismo planetário. E seu ponto de impossível próprio é a igualdade. Por quê? Porque o capitalismo é totalmente refratário à erradicação da propriedade privada, sobre a qual se alicerça, e porque a acumulação da propriedade privada produz necessariamente desigualdades enormes. Aliás, a desigualdade é constantemente reivindicada pelo capitalismo como uma necessidade natural, enquanto a igualdade é qualificada de utopia que conduz ao crime, o que equivale a dizer que ela é "humanamente" impossível. Isso foi esclarecido há muito tempo, talvez já desde a Revolução Francesa: o ponto de impossível próprio do capitalismo é a igualdade. A afirmação efetiva desse ponto de impossível, a afirmação de que esse ponto deve ser a origem de todo pensamento político novo é o que o meu amigo Rancière chama de axioma da igualdade. Enquanto ponto de impossível, a igualdade só pode ser um resultado se for declarada como princípio. Mas esse princípio, na ordem prática, acarreta necessariamente uma cisão destruidora do capitalismo imperial.

Eu disse agora há pouco que foi para indicar o real de todo e qualquer conjunto social que Marx falou da abolição do Estado. Porém, agora, vemos muito bem a razão pela qual, no fim do *Manifesto do partido comunista*, Marx e Engels declaram que todo o programa de um partido comunista pode ser resumido numa única máxima: abolição da propriedade privada. O acesso ao real do capitalismo não se dá pela análise do capitalismo, pela construção de sua ciência, o que é muito útil, mas que os economistas burgueses fazem muito bem. O acesso ao real do capitalismo é a afirmação da igualdade, é decidir, declarar que a igualdade é possível, e fazê-la existir tanto quanto se possa por meio da ação, da organização, da conquista de lugares novos, da propaganda, da construção, em circunstâncias díspares, de pensamentos novos, da insurreição e da guerra se preciso for.

Mesmo sob formas muito limitadas, todo processo "realmente" igualitário vai infligir graves ferimentos ao princípio constitutivo da formalização capitalista do mundo, que é o de que todo indivíduo tem o direito ilimitado de acumular riquezas. A essência do comunismo consiste em afirmar a existência da possibilidade, considerada como impossível do ponto de vista do capitalismo, de acabar com a desigualdade constitutiva que a propriedade torna inevitável. O comunismo é, nesse sentido, o nome do único processo existente de exposição efetiva do real do capitalismo.

## III. O poema

O poema de que vou partir é um poema de Pasolini, o grande cineasta italiano – falo assim porque ele é hoje conhecido sobretudo como cineasta –, e esse poema tem por título "As cinzas de Gramsci".

Uma palavra ou duas sobre Pier Paolo Pasolini, um pouquinho menos famoso do que Molière. Ele ficou conhecido como cineasta, mas também por sua vida extraordinariamente atormentada, que terminou com uma morte atroz: seu assassinato num terreno baldio à beira-mar, assassinato ligado às formas radicais e perigosas do desejo. Já na própria vida de Pasolini aponta o que eu chamaria de o tormento solitário de uma busca desesperada pelo real. Com Pasolini, entramos numa outra maneira de se aproximar do real que é a subjetivação propriamente dita.

Havia em Pasolini um pensamento extremamente violento e um desejo ilimitado. E a combinação desse pensamento violento e desse desejo ilimitado o deixou em conflito com o mundo tal qual era, a tal ponto que ele se mantinha pessoalmente muito perto do ponto de impossível. E sua poesia, ainda mais que o cinema ou a prosa, testemunha essa proximidade do ponto de impossível do mundo.

Pasolini é um grande poeta, certamente um dos maiores das décadas que vão dos anos 1940 ao fim dos 1960, da guerra mundial à sublevação da juventude dos anos 1960. É também o período que vai da solidez do comunismo stalinista a seu descrédito total e sua derrocada. E é essa a razão pela qual Pasolini se pergunta – é o tema de seus poemas, que são com frequência construções gigantescas e muito subjetivadas – o que é o real da História. É essa sua questão.

Vocês sabem que o ensaísta norte-americano Fukuyama defendeu recentemente a tese de que o real da História é que ela chegou ao seu fim. É uma tese considerável, que pode ser alimentada de uma certa herança hegeliana mais ou menos deformada e mal digerida, mas que não deixa de ser uma tese sobre o real da História. Ela consiste em dizer que podemos agora saber o que terá sido esse real, porque, com o capitalismo mundializado e o Estado democrático, encontrou-se uma fórmula capaz de obter tamanho consentimento geral que ela torna de fato inúteis os conflitos históricos, entre classes ou entre nações, e, portanto, em última instância, a própria História.

O que é muito interessante para nós é que, já nos anos 1950, Pasolini defendeu uma tese parecida. Ele sustentou, pelo menos, que uma certa história tinha por real o estar em via de se acabar. Talvez ele tivesse poeticamente razão. Talvez seja justificável hoje pensar não que a História terminou, o que não faz nenhum sentido, mas que estamos tão próximos do ponto de impossível de uma certa história – de uma forma singular de historicidade –, e portanto de seu ponto real, que é possível que nos precipitemos para o seu fim. Talvez estejamos no ponto em que a história, tal como a conhecemos e praticamos, vai se dividir diante da prova de seu real, e assim se desfazer. Pode ser que a História – nossa história, a que sabemos contar – vá se abrir como a terra faz nos grandes sismos. Poderemos então começar de novo, dotados de um certo acesso ao real de nossa história, o qual terá sido o operador de divisão, não da História, no fim das contas, mas de nossa historicidade singular, aquela que, em definitivo, gira ao redor da perenidade dos Estados.

Pasolini diz algo parecido com isso. Não o diz como Fukuyama, que se senta confortavelmente na poltrona da civilização contemporânea. Fala em meio a um tormento terrível, o tormento de quem encara a experiência desse real dividido que se tornou mortífero.

O poema "As cinzas de Gramsci" data de 1954. Há nesse poema uma potência profética extraordinária. Se olhamos de perto, vemos que há apenas duas coisas realmente proféticas na atividade dos homens: a poesia e a matemática. A matemática, porque inscreve formalmente, quando não demonstra, a existência de relações e de objetos que nem sequer podíamos imaginar, antes dos formalismos matemáticos, que pudessem existir. Ora, essas relações e essas estruturas se revelam mais tarde absolutamente indispensáveis para pensar o mais ínfimo movimento do mais ínfimo pedaço de matéria. A poesia, porque todo grande poema é o lugar linguageiro de uma confrontação radical com o real. Um poema extorque à língua um ponto real de impossível de dizer.

Vocês notarão, além do mais, que a matemática e a poesia nomeiam as duas extremidades da linguagem: a matemática do lado do formalismo mais transparente; e a poesia, ao contrário, do lado da potência mais profunda, e frequentemente mais opaca.

Voltemos ao poema de Pasolini, "As cinzas de Gramsci". Gramsci foi um dos fundadores e dirigentes do Partido Comunista Italiano. E, por isso, passou boa parte de sua vida nas prisões fascistas. É uma figura tutelar do comunismo europeu, um pensador marxista muito original. Por conseguinte, o título "As cinzas de Gramsci" já anuncia que, do real de que Gramsci foi o agente ou a testemunha, sabemos que não restam mais que as cinzas.

O poema tem por cenário um cemitério. Quando se está em busca do real como divisão e morte de uma figura anterior da formalização política, o cemitério é um bom lugar para se ver com clareza. Faz muito tempo, aliás, que se medita sobre o real a partir dos cemitérios. Lembrem-se da cena dos coveiros em *Hamlet*: na certa a questão do real, sob a forma "ser ou não ser", adquire toda sua densidade se seguramos um crânio na mão.

O cemitério de que nos fala Pasolini é um tanto peculiar – se forem a Roma, recomendo vivamente que o visitem. É o cemitério onde estão enterradas, em terra romana, todas as pessoas que durante a vida não eram católicas. Esse cemitério é, portanto, o resultado de uma seleção religiosa dos mortos: o Vaticano solicitou e obteve que não se enterrassem em terra supostamente santa pessoas que não eram da boa religião local. Assim, esse lugar reúne, numa admirável fraternidade *post-mortem*, protestantes, muçulmanos, judeus e ateus. É lá que está enterrado Gramsci, no setor dos não crentes.

Para Pasolini já há aí um ponto de real, que é o isolamento desse cemitério. Esse isolamento é como o símbolo de um exílio, um exílio tão tenaz que concerne também aos mortos. Ora, podemos sustentar que o real tem sempre a forma de um exílio, já que, sendo o impossível ou o semblante de que é preciso arrancar a máscara, ter acesso a ele supõe que nos afastemos da vida ordinária, da vida comum. O real não é de modo algum aquilo que estrutura nossa vida imediata; é, pelo contrário, como Freud viu muito bem, seu longínquo segredo. E para descobrir esse segredo é preciso sair da vida ordinária, sair da caverna – como disse Platão de uma vez por todas. Mas todos os que estão enterrados nesse cemitério já saíram, já estão fora da morte normal. Concederam a eles um pedacinho isolado e não abençoado pelo papa daquela terra sagrada.

A composição do real, nesse caso, envolve um exílio nacional: Gramsci não está verdadeiramente enterrado na Itália, está enterrado num lugar proscrito, onde residem principalmente estrangeiros. Shelley, por exemplo, o poeta inglês, não longe de Gramsci. Foi no meio desse tipo de estrangeiros que puseram Gramsci, o incrédulo. Pasolini, proferindo o poema diante da pedra tumular do comunista – uma grande pedra nua – e falando a ele como a um irmão amado, lhe diz: "Só te é permitido hoje dormir em terra estrangeira, sempre banido".[5] É esse o exílio nacional.

Mas há também um exílio social, um exílio de classe. Porque o bairro onde está instalado esse cemitério é um bairro de mansões ocupadas por famílias ricas. Assim, o grande comunista Gramsci repousa não apenas em meio a uma terra estrangeira como também em meio a um bairro tipicamente burguês, e, como diz magnificamente Pasolini, "um tédio patrício te rodeia".[6]

Por fim – e é o mais importante – há um exílio histórico. Gramsci dedicou sua vida a que

---

[5] Para não atrapalhar a argumentação do autor, mantenho no corpo do texto a tradução o mais literal possível da versão francesa de José Guidi utilizada por Badiou. E forneço em nota o original italiano e sua tradução o mais literal possível: "[...] *Non puoi,/ lo vedi?, che riposare in questo sito/ estraneo, ancora confinato.* [...]" "[...] Não podes,/ vês?, senão repousar neste lugar/ estrangeiro, ainda confinado. [...]". (N.T.)

[6] "[...] *Noia/ patrizia ti è intorno.* [...]" "[...] Tédio/ patrício te rodeia. [...]".(N.T.)

o real da História se realizasse. Viveu como militante e dirigente comunista porque pensava que era chegado o momento de realizar esse real, o que queria dizer: tornar possível o impossível, levar a cabo na Itália, e no mundo inteiro, uma revolução proletária. É evidentemente por isso que ele é, no próprio cemitério de seu exílio, visitado e celebrado. É tocante e comovente constatar que o túmulo de Gramsci está sempre coberto de flores. Fiz a experiência pessoal disso: um momento intenso de minha existência foi ter também, como Pasolini, meditado diante do túmulo de Gramsci.

Mas é justamente aí que está a pegada do poema: tudo isso, inclusive as flores, só faz sublinhar que Gramsci é mantido num exílio histórico. Por quê? Porque o real que foi a razão de sua vida, o real da revolução proletária, desapareceu. O próprio real que Gramsci queria fazer advir como real da História já nem sabemos o que é. Ele assumiu a forma de sua própria desaparição.

Então Pasolini vai perguntar a Gramsci se, em última instância, sua redução a meras cinzas triplamente exiladas significa que é preciso renunciar a qualquer acesso ao real. Cito: "Tu me pedirás, morto descarnado, que renuncie a essa paixão desesperada de estar no mundo?".[7]

---

[7] *"Mi chiederai tu, morto disadorno, / d'abbandonare questa disperata / passione di essere nel mondo?"* "Tu me pedirás, morto desadornado, / para abandonar essa desesperada / paixão de estar no mundo?" (N.T.)

Defini outrora o século XX como o século da paixão pelo real. Aí está ela! É dessa paixão que Pasolini nos fala. E, já em 1954, no meio do século XX, suspeita poeticamente que ela deixou de valer, que já não nos anima mais; e que, reduzido ao exílio de suas cinzas, Gramsci nos diz algo como: "Eu quis isso, mas não lhes peço mais que o queiram, peço é que renunciem a essa paixão desesperada de estar no mundo".

Assim sendo, o poema vai se organizar como a descrição do mundo contemporâneo – e isso vai nos interessar no mais alto grau, embora tenha mais de meio século de idade. Por quê? Porque, para Pasolini, a característica de nosso mundo, digamos o mundo "ocidental", é a de estar e se querer protegido de qualquer real. É um mundo no qual o semblante adquiriu tamanho vigor que cada um de nós pode viver, e desejar viver, como se estivesse a salvo de tudo aquilo que poderia ser um efeito real. De tal maneira que, nessa espécie de mundo, se por acaso o real opera uma abertura no semblante, causa imediatamente uma perturbação subjetiva total.

O mundo que Pasolini nos descreve é um mundo órfão de Gramsci, desertado de toda e qualquer vocação de fazer advir o real da História. É um mundo onde reina o que Pascal chamou de *diversão*. Ou talvez devêssemos dizer hoje *entertainment*: "*entertainment world*".

Pascal mereceria um longo inciso: ele é um magnífico teórico da questão do real. Se quisesse fazer um pastiche de Lacan, Pascal teria dito: o real é o impasse de toda diversão. O real surge quando a diversão começa a se esgotar e não consegue mais nos proteger desse surgimento.

A tese que "As cinzas de Gramsci" formalizam em poema é a de que, na sociedade capitalista triunfante, a diversão é rainha – um pouco como para Debord há soberania do espetáculo. Nada mais há além da diversão. Tudo que há é o anseio de se manter tão afastado do real quanto possível. De maneira a cultivar, comprar, alimentar e perpetuar o semblante protetor do sujeito, quando ele é cidadão do Ocidente imperial. Pasolini vai nomear essa disposição subjetiva "substituir a vida pela sobrevivência". A sobrevivência tem uma definição precisa: renunciamos à "paixão desesperada de estar no mundo", só podemos dar continuidade ao trabalho negativo da diversão.

Mas ouçamos um pouco a voz do poema. Escutemos a rede de imagens em que se desdobra a descrição da vida afastada do real, essa vida que renuncia a fazer advir o real da História, que condena Gramsci ao exílio de suas cinzas, e que, por fazer isso, só pode estar corrompida:

> [...] E bem se sente que para esses seres
> vivos, ao longe, que gritam, que riem,
> em seus veículos, em seus míseros
>
> casarios onde se esvai
> o dom pérfido e expansivo da existência –
> essa vida não passa de um *frisson*;

presença carnal, coletiva;
sente-se a ausência de qualquer religião
verdadeira; não vida, mas sobrevivência

— mais alegre, talvez, que a vida — como
num povo de animais, cujo secreto
orgasmo ignora qualquer outra paixão

além da do labor de cada dia:
humilde fervor, a que vem ornar com um ar de festa
a humilde corrupção. Quanto mais se faz vão

— nessa trégua da história, nessa
barulhenta pausa em que a vida faz silêncio —
todo ideal, mais se revela

a maravilhosa e ardente sensualidade
quase alexandrina, que cobre de iluminuras
e ilumina tudo com um fogo impuro, enquanto aqui

um pedaço do mundo desaba, e esse mundo
se arrasta na penumbra, para encontrar
praças vazias, sombrias oficinas.[8]

---

[8] "[...] *E senti come in quei lontani/ esseri che, in vita, gridano, ridono,/ in quei loro veicoli, in quei grami// caseggiati dove si consuma l'infido/ ed espansivo dono dell'esistenza—/ quella vita non è che un brivido;// corporea, collettiva presenza;/ senti il mancare di ogni religione/ vera; non vita, ma sopravvivenza//— forse più lieta della vita— come/ d'un popolo di animali, nel cui arcano/ orgasmo non ci sia altra passione// che per l'operare quotidiano:/ umile fervore cui dà un senso di festa/ l'umile corruzione. Quanto più è vano//— in questo vuoto della storia, in questa/ ronzante pausa in cui la vita tace —/ ogni ideale, meglio è manifesta// la stupenda, adusta sensualità/ quasi alessandrina,*

O que encontramos nessa passagem? Em primeiro lugar, que em nosso mundo a vida está dissipada. A partir do momento em que a vida não é mais habitada e orientada pelo projeto de fazer advir seu próprio real, ela se torna inapreensível, informe, desorientada. É uma vida que, de diversão em diversão, é uma vida extraviada, uma vida que pretende atribuir um valor capital a seu próprio despedaçamento. E é uma vida que, assim, e este é o segundo ponto, é assombrada pela ausência de qualquer verdade. Para Pasolini, e para mim também, "verdade" é uma palavra que pode vir no lugar da palavra "real". Quando Pasolini fala da ausência de qualquer religião verdadeira, não alude a uma religião no sentido habitual do termo. "Religião verdadeira" significa simplesmente a

---

*che tutto minia/ e impuramente accende, quando qua// nel mondo, qualcosa crolla, e si trascina/ il mondo, nella penombra, rientrando/ in vuote piazze, in scorate officine..."* "[...] E sente como nesses distantes/ seres que, em vida, gritam, riem,/ em seus veículos, nesses mesquinhos// casarios onde se consome o pérfido/ e expansivo dom da existência −/ aquela vida não passa de um arrepio;// corpórea, coletiva presença;/ sente a falta de toda e qualquer religião/ verdadeira; não vida, mas sobrevivência// − talvez mais alegre do que a vida − como/ de um povo de animais, em cujo arcano/ orgasmo não há outra paixão// senão pelo obrar cotidiano:/ humilde fervor a que dá um sentido de festa/ a humilde corrupção. Quanto mais é vão// − neste vazio da história, nesta/ ruidosa pausa em que a vida se cala − todo ideal, melhor se manifesta// a estupenda, adusta sensualidade/ quase alexandrina, que tudo orna/ e impuramente incendeia, enquanto aqui// no mundo, algo desaba, e se arrasta/ o mundo, na penumbra, voltando a entrar// em vazias praças, em desacoroçoadas oficinas..." (N.T.)

convicção de que uma verdade seja possível. Em outras palavras, no nosso mundo, a convicção de que a tentativa de que Gramsci é o emblema – extorquir à História seu real comunista – possa ser continuada. É essa convicção, a de Gramsci, que o poema afirma ser hoje impossível. Há em terceiro lugar a ideia de que tudo, na ordem do semblante de vida que ocupa o lugar da vida para nós, se resume ao par trabalho e dinheiro. O modo próprio ao nosso mundo de dissipação da existência é o reinado absoluto do par trabalho e dinheiro. O labor de cada dia de um lado, o humilde fervor, e, do outro, a humilde corrupção.

"A humilde corrupção" é uma expressão admirável, porque nos indica que há, evidentemente, a corrupção grandiosa – a corrupção espetacular, o banditismo chique de nossos patrões, a corrupção onipresente cujo espetáculo nos é oferecido de tempos em tempos sob a forma, que já comentei, do escândalo –, mas que isso não é o mais importante. O que conta, o que regula o mundo dos sujeitos, é o consentimento geral a que seja assim. E isso, o fato de que em definitivo todo mundo pensa mais ou menos que o que importa é ter o dinheiro necessário para comprar o que se tem vontade, e que esse é o fundamento inabalável do mundo tal como ele é, isso, sim, é a humilde corrupção. A que partilhamos todos, mais ou menos, e da qual o escândalo das corrupções memoráveis é apenas a exceção pretensamente salvadora.

O que Pasolini nos ensina indiretamente é que, se de tempos em tempos alguns grandes corruptos são lançados à arena da opinião pública, é porque o que conta é a pequena corrupção. O essencial é o fato de que cada subjetividade seja comprada por aquilo que se propõe vender a ela. Alguns grandes corruptos podem ser sacrificados: vale a pena se, por essa pechincha, o sistema da "humilde corrupção", que é também o da diversão, da sobrevivência, da vida protegida de todo e qualquer real, pode se perpetuar.

A quarta e última grande ideia do fragmento que li para vocês está na afirmação de que, já que um mundo desabou, *nós* estamos numa trégua da História. Isso é muito importante, porque é uma questão que devemos nos colocar por diversas razões. Em que momento vivemos? Qual é o nosso lugar histórico? O que, já em 1954, Pasolini ousava dizer é que talvez nosso mundo seja intervalar. Uma primeira história já não está mais em condições de fazer valer seu real. Gramsci está reduzido a cinzas. Ele próprio nos diz silenciosamente: "Não continuem o que eu desejei fazer". E então, talvez uma outra história vá começar, talvez outra coisa advenha, talvez estejamos numa outra figura do impasse da formalização e outra etapa esteja por vir, assim como para além da aritmética grega há a história moderna da teoria dos conjuntos infinitos. O mundo ocidental da "democracia" – das classes médias, da vida tranquila e contente, da sobrevivência na diversão, da ausência deliberada de qualquer real – seria apenas um momento raso da historicidade, entre alguma coisa que já era e algo que vai nascer, e, no fim das contas, é essa a razão pela qual este mundo "se arrasta na penumbra para encontrar praças vazias". Descrição severa, mas justa. Arrastar-se para encontrar praças vazias é exatamente o que todos nós fazemos, porque estamos todos, uns mais, outros menos, na humilde corrupção. Em nosso mundo intervalar, só podemos, de fato, vagar até encontrar o cantinho vazio onde poderemos instalar nossa humilde corrupção.

Vocês estão vendo a ideia de Pasolini: o que significa se instalar quando se perdeu toda convicção quanto à possibilidade de fazer advir o real da História? É isso o que o poema tenta descrever. Se não há mais nenhuma "religião verdadeira", então o que significa viver? O que significa se instalar na existência? Pois bem, em última análise, instalar-se na existência é gerir, de uma maneira ou de outra, a humilde corrupção.

Tudo isso vai conduzir o poema a sua conclusão, que leio para vocês:

> A vida é murmúrio, e essas pessoas que
> se perdem nela, perdem-na sem lamento,
> já que ela enche seus corações. Ei-los que
>
> gozam, em sua miséria, da noite: e, poderoso,
> nesses fracos, para eles, o mito
> se recria... Mas eu, com o coração consciente

daquele que só pode viver na história,
poderei novamente obrar com paixão pura,
já que sei que nossa história terminou?[9]

Nesse fim do poema, Pasolini decide, à sua maneira, em favor de um fim da História. Não, de modo algum, porque essa história teria realizado os votos dos homens, mas, muito pelo contrário, porque a impotência de realizá-los *na ordem do real* se instalou e, por conseguinte, a subjetividade fundamental que o mundo exige de nós, e que ele obtém amplamente, é uma subjetividade de renúncia. É-nos absolutamente necessário renunciar a alguma coisa para que possamos nos manter, como bons cidadãos, diante da cintilação do mercado mundial. Em verdade, para ser um bom comprador, é preciso ter renunciado a tudo. A tudo o que é real. Se temos uma aspiração verdadeira, uma religião verdadeira, não podemos nos contentar com aquilo que nos vendem, e desejaremos que se manifeste o real de que essa

---

[9] "*È un brusio la vita, e questi persi/ in essa, la perdono serenamente,/ se il cuore ne hanno pieno: a godersi// eccoli, miseri, la sera: e potente/ in essi, inermi, per essi, il mito/ rinasce... Ma io, con il cuore cosciente// di chi soltanto nella storia ha vita,/ potrò mai più con pura passione operare,/ se so che la nostra storia è finita?*" "É um murmúrio a vida, e aqueles perdidos/ nela, perdem-na serenamente,/ se têm o coração cheio: a gozar// ei-los, míseros, à noite: e poderoso/ neles, inermes, para eles, o mito/ renasce... Mas eu, com o coração consciente// de que somente na história há vida,/ poderei algum dia novamente com pura paixão obrar,/ se sei que a nossa história terminou?" (N.T.)

oferta de venda é o semblante. E assim jamais seremos os bons compradores de que a máquina imperial tem absoluta necessidade.

Pasolini se pergunta então se ele, pessoalmente, ainda vai poder fazer alguma coisa, "obrar com paixão pura" – voltamos a encontrar aí a paixão pelo real – a partir do momento em que assume a convicção negativa de que nossa história terminou.

Em suma, a paixão pelo real foi mesmo a paixão do século XX. E é da morte dessa paixão que Pasolini nos fala. Já em 1954, no meio do século XX, um poeta nos diz que a história desse século, no que ela tinha de intenso, de memorável, de fundamental, terminou.

Na primeira metade do século XX, milhões de homens partilharam a ideia de que a História ia parir seu real. E estavam dispostos a pagar o preço desse nascimento, ainda que ele fosse exorbitante. A História, graças ao terrível labor da convicção, ia parir um mundo novo, que seria o real do mundo antigo, exatamente como o número infinito é o real da aritmética ordinária. Milhões de pessoas acreditaram, muito simplesmente, que valia a pena consentir em terríveis violências (o que, hoje, no mundo da classe média atolada em sua diversão, parece horrível e escandaloso). Se o que está em jogo é o nascimento de um mundo novo que será nada mais, nada menos que a realização real da História inteira, não vamos barganhar quanto a violências e ao número de vítimas. Pois se trata de nada menos que uma resposta enfim completamente positiva à única questão que realmente importa: o impossível pode existir? Exatamente como Cantor nos legou aquilo que Hilbert considerava um novo Éden matemático, a saber, uma resposta racional definitiva para a questão "o infinito pode existir?".

A paixão pelo real não se detinha diante das objeções menores, morais ou outras, simplesmente porque ela era a paixão por fazer com que o impossível exista. Não podia, portanto, se pautar pelas leis ordinárias da possibilidade. É por isso que o século XX foi um século heroico. Sangrento, pavoroso, mas heroico. Do heroísmo daqueles que afirmam que o impossível existe. Pois o heroísmo pode ser definido assim: manter-se sempre no próprio ponto real, manter-se ali onde o impossível vai ser afirmado ou confirmado como possível.

O fim da história, no sentido de Pasolini, é o fim dessa esperança. É o fim da História como um dos nomes possíveis do real. E, é claro, esse é o fim do heroísmo histórico. O pequeno gozo do sujeito divertido da classe média exige absolutamente que nada de heroico nunca mais aconteça.

Há provavelmente uma lição importante a se tirar da melancolia poética de Pasolini: é preciso de agora em diante dissociar história e política. É verdade, o século XX nos ensinou isto, que a questão do real da História não é o que nos permite garantir que o real da política comunista perdure. Desde Marx, surgiu a ideia de que se o real da História fosse revelado, teríamos realmente um mundo político novo. Marx afirmava a existência de uma ciência da História, o materialismo histórico, mas nunca afirmou a existência de uma ciência da política. Em certo sentido, o materialismo histórico absorvia o real da política, e a política estava submetida à história. É desse ponto que recolhemos as cinzas, com o diálogo entre Pasolini e Gramsci.

Talvez seja preciso dizer hoje que, em política, o real só será descoberto se renunciarmos à ficção historiadora, ou seja, à ficção segundo a qual a História trabalha para nós. Se ela não trabalha para nós, isto é, se não há relação orgânica entre o real da História e o florescimento ou o desenvolvimento de uma política comunista – vamos chamá-la assim –, então há de fato a necessidade de uma renúncia limitada. Mas essa renúncia não se estende de modo algum à ação política em geral. Podemos e devemos responder afirmativamente à questão de Pasolini. Ele nos diz: se a História, no sentido de Gramsci e do século XX, terminou, será que ainda posso obrar com uma "paixão pura"? Responderemos: sim! Podemos obrar com paixão, ainda que a ficção historiadora esteja morta e enterrada, ainda que saibamos que é um equívoco acreditar que as estruturas gerais da História e o real da História trabalham na direção da emancipação.

Evidentemente, isso requer uma dissociação muito difícil de conquistar entre a esperança histórica e a obstinação política. A obstinação política deve poder se sustentar na ausência de qualquer esperança histórica. Se conseguirmos isso, teremos feito jus às cinzas de Gramsci. Teremos realmente ouvido o que ele tinha a nos dizer, sob a forma que Pasolini lhe dá, e que é em substância: "Renunciem à ficção historiadora". Mas não teremos necessidade de partilhar a nostalgia amarga de Pasolini. Ele, de fato, não está nem um pouco seguro de poder aceitar a renúncia à história. Ele se pergunta: posso ainda obrar poeticamente, se esse grande sonho de uma História que trabalha na direção da emancipação da humanidade se revela por sua vez estranho a todo real?

Quanto a nós, mais de 50 anos depois de Pasolini, podemos, me parece, formular três diretivas.

A primeira é a de arrancar a máscara do semblante democrático. O que quer dizer: experimentar, sob a Ideia do comunismo, formas democráticas completamente diferentes. É preciso se subtrair à propaganda segundo a qual o único contrário da democracia existente, que chamo de capital-parlamentarismo, é um totalitarismo bestial. Em realidade, o contrário da democracia existente é – voltemos a nosso tema – uma democracia *real*. O contrário "totalitário" só serve para legitimar o semblante democrático cujo real é o capitalismo imperial. Quanto ao real, chegou o momento de uma experimentação democrática de um novo tipo, que começou desde sempre, desde Espártaco, Thomas Münzer, os *sans-culottes*, a Comuna de Paris, os sovietes, a Revolução cultural na China, mas que deve agora se coordenar, se concentrar, estar segura de si mesma, se pensar, ter seu corpo de doutrina, e que, desde o começo e com constância, deve se apresentar como explicitamente oposta ao semblante democrático, que não passa da máscara por trás da qual se encontra o real do capitalismo mundializado. Esse é um primeiro gesto.

O segundo gesto é o de formalizar por nossa própria conta o capitalismo contemporâneo. Quero dizer que é preciso inventar e encontrar formalizações consistentes do capitalismo e do imperialismo tais como eles são hoje. Pois a exatidão de uma formalização prepara para a determinação que age de seu ponto de impossível próprio, e, portanto, de seu real. Sabemos de maneira muito geral que a igualdade é o ponto de impossível próprio do capitalismo. Mas os métodos organizados para que consigamos nos manter o mais perto possível desse ponto de impossível, a natureza dos acontecimentos locais que o fazem surgir como possibilidade, tudo isso varia de acordo com as circunstâncias e as etapas do capitalismo e do imperialismo. A igualdade era impossível de um jeito em 1840, e é impossível de outro hoje.

E, finalmente, é preciso propor um balanço do século XX, ou seja, um balanço da renúncia com que Pasolini se inquieta – a renúncia à essência progressista da História –, que seja um balanço da renúncia feito do ponto de vista de quem não renuncia. É preciso renunciar sem renunciar. É preciso renunciar à crença num trabalho da História que seria por si mesmo e de maneira estrutural orientado para a emancipação. Mas é preciso mesmo assim continuar a afirmar que é realmente no ponto de impossível de tudo isso que se situa a possibilidade da emancipação. Nesse sentido, alguma coisa do século XX vai de qualquer jeito prosseguir. Não podemos aceitar que tudo isso seja jogado fora e bater na mesma tecla que nossos adversários a esse respeito. É preciso propor um balanço do século XX que funcione como um aparelho para filtrar no que ocorreu aquilo mesmo que não podia ocorrer, que estava em impasse.

Todo esse trabalho, de pensamento e de ação, gira em torno da relação histórica entre real e destruição. Porque há um preço terrível a pagar por essa ideia entusiasmante segundo a qual a História trabalha para nós, para a emancipação da humanidade. Esse preço se deve ao fato de que, em verdade, a História não trabalhava especificamente para a emancipação da humanidade e de que, portanto, para conservar a ideia entusiasmante, era preciso forçá-la a fazer isso. Era preciso parir seu suposto real que era o trabalho no sentido da emancipação. É por isso que a atmosfera política geral acompanhava o entusiasmo de um pântano de suspeita, de delação, e instaurava a onipresença da categoria de suspeito – e isso desde a Revolução Francesa. Porque, se a História não trabalha para nós, quando em princípio devia fazer isso, é porque há sabotadores. Havia, portanto, sabotadores da História, e sabotar uma História que marcha no sentido da emancipação é de fato um crime considerável. Foi por isso que se massacraram em massa "suspeitos" de todo tipo. E isso não foi o resultado de uma loucura sanguinária, ou de uma ignorância bárbara dos supostos "direitos humanos", mas o efeito de um dispositivo coerente da racionalidade dialética. Portanto, é esse dispositivo de conjunto que é preciso remanejar a partir de uma nova concepção do real que não pressupõe que a História seja sua servente.

Uma variante da posição subjetiva, de que tentamos tirar importantes lições negativas, pode ser formulada assim: já que a história deve parir um mundo emancipado, podemos, sem maiores escrúpulos, aceitar, e mesmo organizar, uma destruição em massa. É o que chamo de fenômeno da destruição histórica. Já que é a História que deve parir um mundo político novo e salvador, não é de admirar que as destruições sejam da mesma escala que a História.

No âmbito das abstrações dialéticas, essa tese assume a seguinte forma simples: a negação carrega a afirmação. A destruição é a parteira da construção. É uma convicção muito arraigada no século XX, e que confere ao entusiasmo revolucionário seu aspecto de ferocidade inútil: os princípios reais do mundo emancipado surgirão da destruição do velho mundo. Mas isso é inexato, e essa inexatidão acarreta que a destruição do velho mundo ocupa um lugar desproporcional, e que a luta para dar cabo desse velho mundo até extrair dele os princípios do novo se torna infinita, interminável.

Penso, portanto, que é preciso substituir essa dialética negativa por uma dialética afirmativa. É preciso renunciar à ideia de que a negação carrega em si a afirmação, ideia que não era mais do que a forma lógica de uma esperança entusiasmante de que assim adviria o parto forçado de um real da História. Em realidade, vimos isso no século XX, a negação carrega em si a negação, engendra incessantemente outras negações. É preciso afirmar que o uso da negação, se for inevitável, deve ser severamente controlado, e mantido em seus limites pela potência prévia de uma afirmação. E, para isso, é preciso se situar num outro ponto de impossível que não aquele que se atribui à História. Isso fará com que por um bom tempo as novidades políticas tenham um caráter inevitavelmente local. Teremos experimentações locais, que podem ser de grande envergadura, e nas quais será a partir de um princípio afirmativo interno ao que se passa, interno aos atores da situação concernida, ao que eles pensam, ao que discutem, ao que fazem, que será definida a norma da negação, e consequentemente seu limite. É tudo isso, que deve fazer parte do estilo militante dos políticos comunistas por vir, que permitirá renunciar às destruições históricas.

Gostaria de concluir dizendo que a chave do acesso ao real é, ao fim e ao cabo, a potência de uma dialética afirmativa. E é precisamente dessa dialética que Pasolini faz o retrato num outro poema que se chama "Vitória". Vocês vão ver que ele diz o que acabo de redizer de um outro jeito, mas com uma espécie de melancolia que devemos superar. Nesse imenso poema, Pasolini fala de novo daquele que tenta manter a paixão pelo real nas condições da renúncia, nas condições do que ele chama de fim da História. Esse homem, na verdade o próprio Pasolini, é órfão da História, e, no entanto, tenta manter a paixão pelo real. Eis como o poema o descreve:

> Mas ele, herói agora dilacerado, não encontra mais.
>
> Agora, a voz que toca o coração:
> Ele se remete à razão que não é razão,
> à irmã triste da razão, aquela que busca
>
> apreender o que há de real no real, com uma paixão
> que recusará toda temeridade, todo extremismo.[10]

---

[10] "*Ma egli, eroe ormai diviso, manca// ormai della voce che tocca il cuore:/ si rivolge alla ragione non ragione,/ alla sorella triste della*

É disso que precisamos: uma razão que faça o luto da historicidade favorável, que permaneça, contudo, na paixão pelo real, que busque na experimentação política local apreender o que há de real no real e que se preserve do extremismo destruidor.

Eu não penso – e será meu único ponto de divergência com Pasolini – que essa irmã afirmativa da dialética negativa seja triste por si mesma. Dá para sentir que em Pasolini essa irmã da razão que ele propõe – e que é a razão afirmativa – é uma irmã triste porque, para ele, renunciar à graça de uma História favorável é terrível. Porém, hoje, devemos estar convencidos de que, apesar dos lutos que o pensamento nos impõe, buscar o que há de real no real pode ser, é, uma paixão alegre.

---

*ragione, che vuole// capire la realtà nella realtà, con passione/ che rifiuta ogni estremismo, ogni temerità."* "Mas ele, herói agora dividido, carece// agora da voz que toca o coração:/ volta-se para a razão não razão,/ para a irmã triste da razão, que quer// compreender a realidade na realidade, com paixão/ que recusa todo extremismo, toda temeridade." (N.T.)

Este livro foi composto com tipografia Bembo e impresso em papel Off-White 90 g/m² na Formato Artes Gráficas.